LA FONTAINE
MERVEILLEUSE,
OU
LES ÉPOUX MUSULMANS,

Pantomime-Féerie en cinq Actes, à grand Spectacle, mêlée de Dialogue, de Combats, Chants et Danses;

Représentée, pour la première fois, à Paris, sur le Théâtre de l'Ambigu-Comique, au mois de Fructidor an 7;

Par J.-M. LOAISEL-TRÉOGATE;

Musique nouvelle du C^{en} OTHON, Ballets du C^{en} AUMER, Artistes du Théâtre des Arts; Décors du C^{en} MOENCH.

A PARIS, et se vend
A l'Imprimerie A PRIX-FIXE, rue des Coutures-Saint-Gervais, près l'égoût de la Vieille rue du Temple, n°. 446.

AN VII.

PERSONNAGES *parlans et chantans*.	ACTEURS.
ALAHOR,	C^{en} *Isidor.*
ZOBÉIDE, épouse d'Alahor,	C^{ne} *Deversy.*
MOREDDIN, Sultan d'un royaume d'Asie,	C^{en} *Rivalard.*
KALED, Génie bienfaisant,	C^{en} *Picardeaux.*
ALTAGIS, Chef des Eunuques,	C^{en} *Belval.*
IBRAHIM, Savant indien,	C^{en} *Marty.*
COULOUFE, Esclave d'Alahor,	C^{en} *Lejeune.*
ANAÏS, Dive *ou* mauvais Génie,	C^{ne} *Gardin.*
FATIME, Suivante d'Anaïs,	C^{ne} *Lefevre.*
La NYMPHE, ou le bon GÉNIE, Gardien de la Fontaine,	C^{ne} *Savigny.*
Un jeune DERVIS,	C^{en} *Drobert.*
GUERRIERS combattans, du parti d'Anaïs.	
Une jeune Esclave du Sérail.	
Autre Femme du Sérail,	C^{ne} *Dumouchel*
Une jeune Naïade,	*Idem.*

Personnages muets.

Eunuques noirs et blancs,
Muets.
Esclaves du Sérail, des 2 sexes, *Danseurs.*
Gardes du Sultan.
Dives et mauvais Génies aux ordres d'Anaïs.

La Scène est en Asie, dans un lieu imaginaire; sur les bords de la mer Caspienne; dans le Palais de Moreddin; dans l'Isle merveilleuse; dans les jardins du Sérail.

LA FONTAINE
MERVEILLEUSE,
ou LES ÉPOUX MUSULMANS,
PANTOMIME-FÉERIE.

ACTE PREMIER.

Le Théâtre représente un lieu champêtre ; dans le fond, un canal ou un bras de mer traversant la scène ; deux rochers, dont l'un placé dans l'un des angles du fond, domine sur le canal ; l'autre plus avancé sur la scène, est à la gauche des spectateurs. Du coté opposé sont une maison simple, et des bancs de gazons ombragés de platanes, ou autres arbres formant une espèce de berceau.

SCÈNE PREMIÈRE.
ALAHOR, ZOBEIDE, COULOUFE.

ALAHOR.

Quelle pensée t'occupe, ô ma chère Zobéïde? Depuis quelques jours, je vois dans tes yeux et sur tes traits une impression de tristesse que je n'y remarque pas ordinairement.

ZOBÉÏDE.

Te l'avoûrai-je, ô mon cher Alahor? Je crains que tu ne sois pas aussi heureux que tu devois espérer de l'être; Officier distingué de l'armée du sultan Moreddin; vingt fois ton corps lui servit de bouclier, sur le champ de bataille; vingt fois, par tes conseils et par ta vaillance, il fut vainqueur de ses ennemis. La plus haute destinée devoit être le prix de tes services; et te voici relégué sans honneurs, presque sans fortune, dans une retraite obscure, qui n'a de beautés que celles de la nature inculte et sauvage.

ALAHOR.

Ai-je à me plaindre de mon sort, quand je le partage avec Zobéïde ? Dans quel lieu du monde un palais superbe invite-t-il plus doucement au repos, que la paix du cœur et les délices de l'amour ?

ZOBÉÏDE, *lui serrant la main.*

Cher époux !

ALAHOR.

Moreddin fut ingrat, tant mieux. S'il m'avoit offert des dignités, des richesses, crois-tu que je les eusse acceptées ? non. J'ai habité son palais, qu'y ai-je vu ? l'intrigue et la terreur, la tristesse et la magnificence. Ah ! ma bien aimée ! c'est dans le sein d'une épouse chérie, sous les yeux de la Nature paisible, que j'ai trouvé le parfait bonheur. Nous ne sommes ici qu'à trois lieues d'Akalzir, capitale de l'Empire du Sultan, et lieu ordinaire de sa résidence ; si quelque chose peut me donner des regrets, c'est d'en être trop près encore. Des soins champêtres m'appellent un moment près du bois de Platanes ; le soleil est au milieu de son cours. Demeure ici, ô ma chère Zobéïde ! jouis de la fraîcheur de cet ombrage ; toi, Couloufe, va préparer un dîner frugal, et dispose toutes choses, pour nous servir sous ce berceau. (*Il baise la main de Zobéïde, et se retire. Couloufe entre dans la maison.*)

SCENE II.
ZOBEIDE, *seule.*

(*Mélodrame*). IL s'éloigne, et avec lui toute la joie de mon ame.... (*Elle s'assied sur le gazon et s'occupe à broder*). Pourquoi donc ne puis-je surmonter cette faiblesse ?.... Ah ! c'est que son absence est pour moi ce que la nuit est pour la Nature.....

(Deux hommes armés paroissent sur le rocher qui domine le canal. Ils regardent, se montrent à Zobéïde, et disparoissent en donnant des signes de satisfaction).

ZOBÉÏDE, *continuant son monologue.*

Cher Alahor ! depuis que l'hymen nous unit de sa cha ne

fortunée..... nous n'avons qu'un même sort, qu'un même sentiment, qu'une seule ame.... que n'est-il toujours auprès de moi.... tout près de moi!.... Ah! n'est-ce pas à mes côtés, n'est-ce pas contre mon cœur que l'Amour a marqué sa place?....

SCENE III.

(*Musique*). (Une barque partie de la base du rocher, et portant plusieurs hommes armés, traverse le fond du Théâtre. Ces hommes viennent sur la Scène, s'avancent doucement vers Zobéide et veulent la saisir; elle jette un cri, leur échappe, ils la poursuivent, la saisissent dans la coulisse; on la voit repasser avec eux dans la barque).

SCENE IV.
COULOUFE, *seul*.

J'AI entendu un cri!

(*Musique*.) Il cherche des yeux Zobéide; inquiet il fait le tour du Théâtre, court vers le rivage et apperçoit Zobéide dans la barque; il lui tend les bras; Zobéide lui répond par les signes du plus affreux désespoir. La barque disparoît, Couloufe se désole).

SCENE V.
ALAHOR, COULOUFE.

COULOUFE, *vivement*.

SEIGNEUR!

ALAHOR.

Quel trouble t'agite?

COULOUFE, *égaré*.

Des hommes féroces l'ont saisie, entraînée.

ALAHOR, *vivement*.

Qui?

COULOUFE.

Zobéide.

ALAHOR.

Zobéide!

COULOUFE, *vivement*.

Venez, Seigneur. (*il le mène sur le rivage*) Voyez-vous

là-bas dans le lointain, cette barque poussée par un vent rapide? elle emporte votre épouse.

ALAHOR.

Dieu! qu'ai-je entendu? Malheureux tu as souffert?...

COULOUFE.

Je n'étois pas ici pour la défendre; j'y eusse été, le sacrifice de ma vie ne l'eut pas sauvée. Qu'aurois-je pu seul, contre des hommes armés de flèches et de cimeterres? (*Alahor paroit vouloir s'élancer dans les flots*).

COULOUFE, *le retenant*.

Qu'allez-vous faire, Seigneur?

ALAHOR, *vivement*.

Suivre à la nage, atteindre et punir les monstres qui m'enlèvent Zobéïde.

COULOUFE.

Y pensez-vous, Seigneur? la barque trop éloignée pour que vous puissiez l'atteindre, va disparoître à vos regards. Voulez-vous chercher une mort certaine dans les flots? (*On entend une musique de chasse*).

ALAHOR.

Quel bruit frappe mon oreille?

COULOUFE, *après avoir regardé dans la coulisse*.

C'est le Sultan qui chasse sur ce rivage.

ALAHOR.

Le Sultan!

COULOUFE.

Des Esclaves portant son siège de campagne, s'avancent vers ce lieu, et il paroit qu'il vient y chercher un abri contre la chaleur du jour.

SCENE VI.

(*Musique*). (*Des Esclaves apportent le siège de campagne du Sultan et le placent au pieds d'un arbre. Ce siège est une espèce de petit trône couronné d'un dais brodé en argent, et enrichi de pierreries. Le Sultan paroit avec quelques hommes de sa suite. Il se place sur son siège. Un Visir et le chef des Eunuques sont debout, l'un à la droite, l'autre à la gauche du Sultan. Sa suite se range derrière lui*).

ALAHOR, LE SULTAN.

ALAHOR, *s'avance vers le Sultan et s'incline profondément.*
SEIGNEUR!

LE SULTAN.

Qui es-tu?

ALAHOR.

Un infortuné qui ne vous est pas inconnu, Seigneur; je suis Alahor.

LE SULTAN.

Alahor! Je me rappelle ton nom et tes traits; je me souviens même de tes services. Tu fus l'un des plus braves Officiers de mon armée. Que me demandes-tu?

ALAHOR.

Ce matin encore, mon sort étoit digne d'envie. Un instant m'a plongé dans l'abîme de l'infortune.

LE SULTAN.

Quel revers funeste, quels désastres sont venus te chercher dans ta retraite?

ALAHOR.

Des hommes farouches ont enlevé mon épouse, l'ont jetée dans une barque, et ont disparu avec elle, sans que je pusse la secourir. Je vous demande justice contre ses ravisseurs.

LE SULTAN.

Console toi, je te rendrai ton bonheur, je l'augmenterai même, s'il est en mon pouvoir. La fortune ne te rit guères, je le sais; je te vengerai de ses torts à ton égard. Viens me trouver à mon palais, mes trésors te seront ouverts, et tu reviendras ici comblé de mes bienfaits.

ALAHOR.

Ah! seigneur, toutes les richesses de l'Asie peuvent-elles me tenir lieu de l'objet que je perds? Si mes foibles services vous paroissent dignes de quelque prix, seigneur, je vous demande une seule grâce.

LE SULTAN.

Parle.

ALAHOR.

Votre pouvoir est immense; faites-moi retrouver le seul bien qui me touche. Donnez des ordres; qu'une justice sévère poursuive, punisse les ravisseurs de Zobéïde, et la rende à son époux.

LE SULTAN.

Une femme seroit-elle capable de troubler le cœur d'un guerrier ? N'as-tu point appris à connoître ce sèxe volage ? En changeant de maître, une femme, bien souvent, change d'affections ; et l'objet de tes regrets se réjouit en ce moment, peut-être, de son nouvel état.

ALAHOR *à part.*

Quel langage !

LE SULTAN.

Alahor, j'estime ta vertu, j'honore ton courage ; viens donc avec confiance, viens trouver ton maître ; il tâchera de t'offrir des consolations dignes de ton ame généreuse. (*Parlant au chef des Eunuques*) La chaleur est excessive, Altagis ; fais avancer une de mes chaloupes ; c'est par le canal que je veux retourner au palais.

(*Altagis s'incline et sort. Le Sultan le suit au bruit des cors et de la musique. On le voit lui et quelques gens de sa suite, traverser le fond du théâtre, sur une riche chaloupe dans le goût oriental. Les pavillons flottans au gré du vent, et la variété de leurs couleurs, doivent présenter le spectacle le plus agréable. Des esclaves tiennent un grand parasol au-dessus de la tête du Sultan*).

SCENE VII.

ALAHOR *seul.*

O Sultan ! c'est donc ainsi que tu t'empresses de rendre la justice. Si le sort te fit le maître des autres hommes, n'est-ce pas pour être le fléau du crime et le vengeur de la vertu ?..... Chère Zobéïde ! où es-tu ?... Livrée sans doute à la discrétion d'une troupe féroce..... Mon esprit se trouble, mes pensées se confondent..... Irai-je trouver Moreddin ?..... Qu'ai-je à faire dans le palais d'un Sultan dont le règne jusqu'ici ne fut qu'un enchaînement d'injustices et de cruautés ?.... Quelles consolations peut-il m'offrir ?.... Non, Moreddin, non, tu ne me verras point dans la foule des lâches qui caressent tes vices et encensent tes fureurs. Volons plutôt chercher mon épouse..... Dussé-je parcourir les côtes opposées de l'Europe et de l'Asie ; dussé-je pousser mes recherches au-delà des mers inconnues, je ne m'arrêterai point que je ne sois éclairci du sort de Zobéïde !....

SCENE VIII.

(*Musique*). (Un bruit souterrain se fait entendre. Le gros rocher placé à la gauche du spectateur, s'entr'ouvre tout-à-coup. Des flammes sortent de l'ouverture. Le génie Kaled paroit).

ALAHOR, KALED.

KALED.

MA présence n'a rien qui doive t'alarmer : je suis Kaled, de la race immortelle des Génies bienfaisans. Nous mettons notre bonheur à secourir la vertu malheureuse : la tienne a fixé mes regards, et je viens t'offrir mon assistance. (*Alahor se jette à genoux*). Lève-toi, Dieu seul mérite que l'on s'humilie en sa présence. Quoique d'une nature supérieure à la tienne, je suis, comme toi, l'ouvrage de ses mains. (*Alahor se lève.*) Alahor, les mauvais Génies trament de noirs complots contre toi; les nuages du malheur vont s'ouvrir et fondre sur ta tête : garde-toi d'en murmurer ; la rose ne fleurit point sans épines, et le bonheur de l'homme est mêlé de calamités. Je corrigerai, s'il se peut, la maligne influence du sort qui te menace ; mais n'oublie jamais que tous mes soins seront impuissans, si tu ne les secondes toi-même par une constance et une vertu à toute épreuve. Je n'ai qu'une chose à te prescrire en ce moment ; rends-toi aux ordres du Sultan ; c'est dans son palais que tu seras instruit du sort de Zobéïde.

(Le Génie se précipite dans l'ouverture, de laquelle on voit encore sortir des flammes. Le rocher se referme sur sa tête).

SCENE IX.

ALAHOR seul.

(*Musique.*) DIEU tout-puissant! tu ordonnes toutes choses selon les vues de ta sagesse infinie..... Puisque tu permets qu'une intelligence supérieure vienne régler ce que je dois faire, et m'offrir l'espérance de revoir Zobéïde..... J'obéis avec transport, et je vole à l'heure même au palais du Sultan.....

FIN DU PREMIER ACTE.

ACTE SECOND.

Le Théâtre représente un spacieux appartement, garni de meubles magnifiques, dans le goût oriental. Un riche sopha est sur le devant de la Scène, à la droite des Acteurs.

SCENE PREMIÈRE.

ZOBÉÏDE *seule. Elle est habillée richement.*

(*Musique*). Où suis-je ? ce palais, cette magnificence !.... (*regardant ses habits*) Et cette riche parure, quelle main m'en a revêtue ?.... O Alahor ! où étois-tu, lorsque la main de l'oppresseur étoit sur mon sein ?.... Où étoient la force de ton bras, l'intrépidité de ton ame ?.... L'espoir fuit.... il m'abandonne....

SCENE II.

ZOBÉÏDE. *Une jeune Esclave apportant des ouvrages de broderie, et les mettant sur une table.*

ZOBÉÏDE *vivement.*

Qui que vous soyez, prenez pitié de mon infortune ! A qui dois-je attribuer la violence qui me retient dans cette demeure ? Quel destin m'y est réservé ?

LA JEUNE ESCLAVE.

Le Sultan qui s'avance, madame ; Moreddin, mon maître et le vôtre, va vous l'apprendre lui-même.

ZOBÉÏDE.

Moreddin !

SCENE III.
ZOBÉIDE, ALTAGIS, LE SULTAN, Suite.

ZOBÉIDE se jettant aux genoux du Sultan.

Seigneur, vous voyez à vos pieds la compagne d'Alahor, ce guerrier fameux dont la haute valeur contribua quelquefois à l'affermissement de votre Empire. Des satellites m'ont arrachée de ses bras, m'ont enveloppée d'un voile obscur, et m'ont traînée en ce lieu, pour me livrer, sans doute, aux outrages de quelque homme puissant et pervers. Sauvez-moi, seigneur; délivrez-moi de sa barbare fureur !

LE SULTAN.

Belle Zobéide, levez-vous, et cessez d'éprouver les tourmens de l'incertitude ; vous êtes ici dans mon palais.

ZOBÉYDE.

Juste ciel !

LE SULTAN.

C'est par mes ordres que vous êtes sortie de l'asyle obscur où vous languissiez solitaire et ignorée. Depuis long-temps on me vantoit votre beauté, j'ai voulu vous voir ; mais qu'ils m'ont peint faiblement ces charmes dont l'amour et les grâces vous ont embellie ! Mon autorité n'a point d'égale sur la terre, mais mon cœur reconnoît en vous un plus grand pouvoir. (*Se tournant vers sa suite*) Que la splendeur et les plaisirs environnent Zobéide, et qu'on lui rende tous les hommages dûs à la beauté que j'honore de mon choix. (*Des esclaves sortent, Zobéide tombe renversée sur le sopha*).

LE SULTAN.

Elle ne s'attendoit pas à ce bonheur imprévu. Loin de m'étonner, le trouble charmant dont son ame est saisie, ne peut que flatter mon amour.

SCENE IV.

(*Musique*). Les Muets se placent des deux côtés de Zobéide. Les plus belles Esclaves sont à terre, sur de riches tapis, et forment un demi-cercle autour du sopha où Zobéide est assise ; les Eunuques se placent dans le fond, sous les armes).

ZOBÉIDE, LE SULTAN.

ZOBÉIDE.

O ciel! délivre-moi de cette pompe importune.

LE SULTAN.

Que m'annonce ce désespoir ? Une femme auroit-elle l'impudence et l'aveuglement de rejeter l'honneur d'être admise au nombre de mes favorites ?

ZOBÉIDE.

Loin de moi ces tristes honneurs qu'il faut acheter au prix de la vertu, et par le sacrifice de sa propre estime!

LE SULTAN.

J'excuse ce premier transport. Zobéide, profitez de ma modération ; calmez vos sens, et méritez mes bontés.

ZOBÉIDE.

Les bontés d'un oppresseur peuvent-elles jamais flatter sa victime ?

LE SULTAN.

Femme insensée! au lieu de bénir la fortune qui t'élève au plus brillant destin, tu oses faire entendre des cris de rébellion : tu ne peux oublier un homme obscur, mon esclave ; tu le préfères au plus grand monarque de l'Asie! Eh bien, tremble! c'est par cet époux lui-même que je saurai te punir.

ZOBÉIDE, *effrayée*.

Ah! Seigneur, épargnez un mortel vertueux ; ne le condamnez pas à me voir le trahir, pour le sauver. Si vous êtes au-dessus des autres hommes par le rang; vous devez l'être plus encore par vos vertus. Ah! Seigneur, ayez le courage de vaincre l'ascendant qu'une indigne faiblesse a pris sur vous. Rendez Zobéide à sa demeure hospitalière, à son époux, à son bonheur ; et elle n'aura point, dans toute sa vie, de devoir plus doux et plus sacré que celui de la reconnoissance.

LE SULTAN.

J'ai possédé les plus fameuses beautés de l'Orient

sans connoître l'amour. Pour la première fois, j'éprouve ce sentiment avec violence; et celle qui en est l'objet, n'y répondroit que par la haine! Tremble que, d'amant tendre et passionné, je ne devienne un maître jaloux et furieux. Que dans deux heures, je te retrouve digne de mes bontés, sinon prepare-toi à voir la tête d'Alahor exposée à tes regards, devant les fenêtres du palais. (*A part au chef des Eunuques*). Altagis! demeure auprès d'elle, tente tous les moyens de la fléchir, et reviens me trouver quand tu l'auras disposée à se montrer plus favorable à mes sentimens. (*Il sort avec les gardes*).

SCENE V.
ALTAGIS, ZOBÉIDE.

ALTAGIS, *s'approchant de Zobéide.*

MADAME..... Vous détournez les yeux, vous soupirez... madame!

ZOBÉIDE.

Que me veux-tu?

ALTAGIS.

Vous me croyez peut-être un cœur insensible; détrompez-vous, Madame. Votre mépris généreux pour des grandeurs qui seroient le prix de l'infidélité, l'abîme de maux où je vous vois plongée, m'inspirent pour vous le plus vif intérêt.

ZOBÉIDE.

Qu'entends-je?

ALTAGIS.

Je suis le chef des Eunuques; disposez du crédit que ma charge me donne : je ferai tout pour vous servir.

ZOBÉIDE.

S'il est vrai que mon malheur te touche, ouvre-moi, à l'instant, les portes de ce palais.

ALTAGIS.

Ignorez-vous que mille satellites gardent ces murailles? Non, belle Zobéide, il ne faut pas espérer de sortir d'ici, sans le consentement de celui qui vous y retient.

ZOBÉÏDE.

Ame servile! est-ce donc là toute la consolation que tu viens m'offrir ?

ALTAGIS.

Quoique je ne puisse vous tirer de ces lieux, cependant je conçois un moyen d'empêcher Moreddin d'exécuter ses desseins barbares.

ZOBÉÏDE, *vivement et avec joie.*

Seroit-il vrai ?

ALTAGIS.

Le plus grand faible du Sultan, c'est l'orgueil.

ZOBÉÏDE.

Eh bien, je paroîtrai vile à ses yeux, j'irriterai son ame hautaine, il me méprisera et me chassera de son palais.

ALTAGIS.

Gardez-vous bien d'en user ainsi. Une telle conduite le mettroit en fureur; il inventeroit des supplices pour punir Alahor de la foi que vous lui gardez. Non, Madame, il faut user d'artifice.

ZOBÉÏDE.

Que faut-il que je fasse ?

ALTAGIS.

Moreddin a la prétention d'être aimé uniquement, et pour lui-même; daignez m'écouter, et ne soyez point surprise des choses singulières que je vais vous dire. Au milieu de la mer Caspienne, est une île bordée d'écueils. Au centre de cette île, est une source dont les eaux ont la vertu de faire oublier à ceux qui en boivent, tout ce qui s'est passé dans le cours de leur vie, et même de les rendre immortels. Cette source, gardée par une troupe de mauvais Génies, est d'un accès tellement difficile, qu'on la croit inabordable. Voici donc le conseil que je vous donne. Moreddin va reparoître à vos yeux. A sa vue, prenez un maintien paisible, et lorsqu'il demandera impérieusement le prix de son amour, promettez-lui d'y répondre; mais après qu'il vous aura procuré des eaux de la fontaine d'oubli. Exigez de lui qu'il s'y engage par serment; et souvenez-vous, sur toutes choses, de donner pour motif à cette demande singulière, le desir d'oublier votre époux, et d'effacer de votre cœur, jusqu'à la trace de vos sentimens pour lui.

ZOBÉÏDE.
Qu'osez-vous me proposer ?

ALTAGIS.
Un moyen d'éloigner, et d'empêcher peut-être, le malheur que vous redoutez. Moreddin est cruel, vindicatif ; mais il est esclave de son serment.

ZOBÉÏDE.
Prendrai-je sur moi de feindre un sentiment dont la seule idée revolte mon cœur ?

ALTAGIS.
C'est un stratagême nécessaire.

ZOBÉÏDE.
Je crains jusqu'à l'ombre du crime.

ALTAGIS.
Ne vaut-il pas mieux paroître un moment abjurer votre amour pour votre époux, que de subir tous deux le sort cruel dont vous êtes menacés. Souffrez donc, Madame, que de nouveaux ornemens viennent ajouter à votre parure, et rehausser l'éclat de vos charmes. Moi, je vais préparer l'esprit de Moreddin à l'espoir trompeur dont vous allez flatter sa passion. Puisse cet artifice, prospérant au gré de nos vœux, ranimer votre espoir, adoucir vos regrets, et vous soustraire au sort injuste et tyrannique qui vous poursuit. (*Il sort.*)

SCENE VI.

ZOBÉIDE *seule.*

(*Scène muette d'inquiétude et d'espérance.*)

SCENE VII.

(*Une musique charmante se fait entendre. Des femmes richement parées, apportent des colliers de perles, des bracelets, et tous les riches atours*

destinés pour Zobéide. Elle se laisse parer magnifiquement. Des Esclaves
brûlent les parfums les plus doux autour d'elle.)

UNE FEMME DU SÉRAIL. *Elle chante les paroles suivantes:*

Dans ses bras le Sultan t'appelle ;
De ton sort connois la douceur :
Sous ses loix, l'amante fidélle
Goûte à longs traits le vrai bonheur.

Jeune beauté, c'est le jour de ta gloire !
Vois briller à tes yeux, le flambeau de l'amour ;
Qu'à jamais, de cet heureux jour,
Les jeux et les plaisirs consacrent la mémoire.

Les femmes exécutent un Ballet voluptueux.

SCENE VIII.

Les Précédens, ZOBÉIDE, LE SULTAN, Suite.

LE SULTAN.

ALTAGIS m'a-t-il fait un rapport fidèle ? Zobéide daignera-t-elle enfin sourire à mon amour, ou faudra-t-il la forcer d'être heureuse ?

ZOBÉIDE.

Seigneur, pardonnez si, dans le premier mouvement d'une douleur légitime, j'ai si mal répondu aux témoignages de votre bienveillance. Rien n'est si cruel pour une ame reconnoissante, que de paroître ingrate ; mais comment payer à mon prince le juste retour que mérite sa noble ardeur, quand la triste pensée de mon premier état me poursuit et m'obsède sans cesse ?

LE SULTAN.

Vous la perdrez bientôt au milieu des plaisirs cette pensée qui vous tourmente. Le jour et la nuit seront témoins de votre bonheur, et j'aurai soin de le rendre tel que vos ravissemens passeront même vos desirs.

ZOBÉIDE.

Je ne doute point de votre pouvoir, Seigneur ; mais serez vous le maître d'empêcher que le souvenir d'un nœud qui fut délicieux, ne répande quelquefois son amertume sur les plaisirs que vous daignerez m'offrir ? Cependant, je desire n'être pas indigne d'un destin si beau ; je sais même un moyen sûr de le mériter ; mais le puissant Moreddin ne sera-t-il point offensé, si j'ose lui faire une demande ?

LE SULTAN.

Montrez-moi les desirs de votre cœur ; s'ils sont compatibles avec mon amour, je les remplirai.

ZOBÉÏDE.

Seigneur, j'ai entendu parler d'une Fontaine dont les eaux ont la vertu de faire oublier le passé, et de rendre immortel. Que le puissant et glorieux Sultan à qui rien n'est impossible, me jure par le Prophète que je goûterai des eaux de cette source, avant qu'il lui plaise d'exiger que je réponde à son amour !..

LE SULTAN.

Quelle raison bizarre !...

ZOBÉÏDE.

Quand ces eaux merveilleuses auront effacé de mon esprit le souvenir de ce que je fus autrefois, nulle pensée fâcheuse ne troublera la douceur de vous appartenir ; mes affections seront toutes pour vous, Seigneur ; alors je serai digne de la faveur de mon maître, et son bonheur sera parfait.

LE SULTAN, *transporté de joie.*

Il y a dans cette demande, une délicatesse qui m'enchante. Oui, je jure par Mahomet, que ma flamme n'exigera rien de votre obéissance, que je ne vous aie présenté des eaux de la Fontaine d'oubli, dont je veux boire moi-même, pour jouir avec vous de l'immortalité. Que Zobéïde soit conduite dans le plus bel appartement du sérail ; qu'on y soit occupé uniquement à lui plaire ; et que tout à l'envi y concoure à sa félicité (*Elle sort précédée et suivie d'Esclaves du sérail, des deux sexes*).

(Marche, musique).

SCENE IX.

ALTAGIS, LE SULTAN, Gardes.

LE SULTAN.

Altagis !

ALTAGIS.

Seigneur.

LE SULTAN.

Répons moi : connois-tu la Fontaine d'oubli ? Sais-tu en quel lieu du monde elle se trouve, et comment on peut y aborder ?

ALTAGIS.

J'ai ouï parler de cette Fontaine, Seigneur, et de la vertu surprenante de ses eaux. J'ignore en quel lieu de la terre coule sa source ; mais Ibrahim, ce Savant indien, que vous avez appelé auprès de votre personne, et dont les vastes connoissances s'étendent sur toutes choses, peut vous donner satisfaction sur cette importante recherche.

LE SULTAN.

Fais le venir, je veux le consulter.

SCENE X.

LE SULTAN, Gardes.

LE SULTAN.

(*Musique.*) Qu'ai-je fait ? J'ai différé mon bonheur... Que dis-je ? Il n'en sera que plus parfait... aimable Zobéïde !.. Ton ame tendre et respectueuse a senti que le partage de tes affections seroit un outrage pour ton maître... Tu veux m'appartenir toute entière....

SCENE XI.

LE SULTAN ALTAGIS, IBRAHIM, Gardes.

LE SULTAN.

Sage Ibrahim, toi à qui la Nature a révélé ses plus étonnantes merveilles, peux-tu me dire en quel lieu de la terre coule une source dont les eaux font oublier à ceux qui en boivent, toute leur vie passée ?

IBRAHIM.

Magnifique Sultan, la source d'oubli est dans une île déserte, au milieu de cette vaste mer dont les flots baignent les murs du palais. Une race de Génies garde cette source sacrée. Des bancs de sable cachés et des gouffres rapides, brisent ou engloutissent les vaisseaux qui s'avancent trop près de cette île inabordable.

LE SULTAN.

Qu'entends-je ? Quoi ! ces écueils.....

IBRAHIM.

Sont fameux par mille naufrages.

LE SULTAN.

Et nul mortel ne les a vus impunément ?

IBRAHIM.

Une mort presque inévitable, y attend tous les téméraires assez hardis pour tenter cette aventure. Si quelques héros assez heureux pour échapper au naufrage, ont pénétré dans l'île même, ils n'ont pu se soustraire à la vengeance des Génies qui défendent l'approche de la Fontaine.

LE SULTAN.

Je suis confondu.... il suffit ; Ibrahim, retirez-vous.

SCÈNE XII.

LE SULTAN, ALTAGIS, GARDES.

LE SULTAN.

ALTAGIS, j'ai de la peine à contenir mon indignation. En me demandant des eaux de la Fontaine d'oubli, Zobéïde savoit, je n'en doute pas, qu'il étoit au-dessus de mon pouvoir de lui en procurer, et je me vois indignement abusé par cette femme ! J'en tirerai vengeance. Alahor a-t-il paru dans le palais ?

ALTAGIS.

Oui, Seigneur, il attend vos ordres pour être admis en votre présence.

LE SULTAN.

Qu'il paroisse !

SCENE XIII.
LE SULTAN, *seul.*

NON, un tel attentat ne demeurera point impuni......
(*Il se promène d'un air agité.*) La perfidie de Zobéïde
retombera sur la tête de son époux....le voici, dissimulons.

SCENE XIV.
ALAHOR, ALTAGIS, LE SULTAN, Gardes.

LE SUSTAN.

NOBLE compagnon de mes anciens travaux, le
silence de la retraite a-t-il énervé ton ame ? ou peut-elle
s'embrâser encore d'une ardeur guerrière ? Réponds-
moi : le brave Alahor peut-il encore se couvrir d'une
armure pesante, gravir des rocs escarpés, et se montrer
intrépide au milieu des dangers ?

ALAHOR.

Je suis mort au plaisir, Seigneur ; mais si la voix
de mon maître m'appelle au combat, falût-il traverser
les sables brûlans de l'Afrique, ou les déserts glacés du
nord, il verra si j'hésite d'accomplir sa volonté.

LE SULTAN.

Je n'attendois pas moins de ton courage. Il me faut
un homme à l'épreuve de tous les périls, qui ose entreprendre la conquête de l'île où il existe une source
connue sous le nom de la Fontaine d'oubli ; mais cette
île est défendue par les forces réunies de la Nature, et
d'une race terrible de Génies. J'ai jeté les yeux sur toi
pour cette conquête qui remplira la terre d'étonnement.
Te sens-tu capable de l'entreprendre ?

ALAHOR.

C'est combler de joie le cœur d'un guerrier, que de
lui offrir des périls à vaincre, et des lauriers à moisson-

ner. Moreddin ne doit pas craindre qu'Alahor se montre indigne de son choix.

LE SULTAN.

Ne présume point de tes forces, consulte ton cœur: voici à quelles conditions je te laisserai la gloire de cette entreprise. Tu feras le serment de partir demain avant la sixième heure du jour, et de ne point revenir dans les lieux soumis à ma puissance, que tu ne m'apportes des eaux de la Fontaine.

ALAHOR.

Je brûle d'impatience de mettre à fin cette aventure; mais avant de m'y engager par serment, je vous demande une grâce, Seigneur.

LE SULTAN.

Explique-toi.

ALAHOR.

Donnez-moi quelques jours pour chercher mon épouse, et pour l'arracher des mains qui la retiennent captive.

LE SULTAN.

Ton départ ne peut être différé.

ALAHOR.

Puis-je laisser Zobéide à la merci de ses ravisseurs?

LE SULTAN.

J'ordonnerai les recherches les plus sévères; ton épouse retrouvée et consolée sera reconduite dans sa retraite. Repose-toi sur ma reconnoissance, du soin de veiller à son repos, et d'assurer ton bonheur.

ALAHOR.

Je me sens calmé par ces paroles généreuses. Eh bien, Seigneur, j'accepte les conditions que vous m'imposez. Je jure de partir demain au lever du soleil, et de ne point reparoître sur les terres de cet Empire, sans avoir rempli les vœux de votre cœur.

LE SULTAN.

Je suis satisfait. (*Parlant à ses Gardes.*) Qu'on aille chercher la plus riche armure, qu'Alahor en soit revêtu, et qu'on lui décerne les honneurs dûs au plus brave de mon empire. Altagis, je te laisse auprès de ce noble guerrier, donne-lui toutes les instructions et tous les secours qu'il jugera nécessaires au succès de sa glorieuse expédition.

SCENE XV.
ALTAGIS, ALAHOR.
ALTAGIS.

QUELLE perfidie!... Seigneur, je voudrois vous faire entendre des paroles de consolation ; mais hélas ! je ne puis vous dissimuler que le Sultan vous trompe ; Zobéïde enlevée par ses ordres, vient d'être conduite dans les appartemens du sérail.

ALAHOR.

Malheureux ! en m'annonçant sa mort, tu m'aurois frappé d'un coup moins sensible.

ALTAGIS.

Calmez votre affliction, Seigneur. Il est une égide invisible qui rend impuissans tous les traits dirigés contre la vertu.

ALAHOR.

Quoi ! tu es le chef des Eunuques, et la voix de l'humanité est dans ta bouche !

ALTAGIS.

Zobéïde connoît le sentiment qui m'anime.

ALAHOR.

Zobéïde dans le sérail ! parmi les femmes destinées aux plaisirs du Sultan !... je frissonne.

ALTAGIS.

Gardez-vous de soupçonner votre épouse, elle a rejeté avec indignation l'amour du Sultan.

ALAHOR.

O Prophète des justes ! peut-il traiter ainsi un serviteur fidèle, à qui il doit l'Empire et la vie. Je l'ai couvert du bouclier de la force au jour de la bataille ; j'ai appaisé ses gardes révoltés, lorsqu'indignés de ses caprices sanguinaires, ils demandoient sa tête à grands cris ; et pour prix de mes services, il m'enlève bassement l'épouse de mon cœur. Pour surcroît d'ingratitude et de cruauté, et par le plus honteux artifice, il me fait jurer de courir à une mort peut-être certaine, pour recueillir plus sûrement les fruits de sa perfidie. Va monstre farouche, tes affreux desseins ne seront pas consommés.

ALTAGIS.

Seigneur, oubliez-vous que Moreddin est votre maître ?

ALAHOR.

Eh ! n'a-t-il pas oublié lui-même qu'il me doit la vie ?

ALTAGIS.

J'étois loin de penser qu'il vous choisiroit pour cette conquête difficile ; mais vous avez fait le serment de l'entreprendre ; le vertueux Alahor ira-t-il donner l'exemple du parjure ?

ALAHOR.

Non, ma parole est sacrée.

ALTAGIS.

Une voix intérieure me dit que le ciel prépare quelque évènement heureux pour signaler votre retour, et me fait insister fortement pour que vous partiez sans balancer.

ALAHOR.

Je partirai, puisque que je l'ai promis ; mais Zobéïde est à moi, malgré le bras puissant qui l'opprime. Avant de m'exiler de ces lieux, je veux la voir, la presser sur mon cœur.

ALTAGIS.

J'approuve cette résolution, et je la seconderai. (*Il tire de son sein des tablettes, et écrit*). Allez trouver Osman qui commande la Garde intérieure. C'est mon ami ; il n'est rien qu'il ne fasse pour me prouver son dévouement. Remettez-lui ce tablettes. Il vous fera pénétrer cette nuit dans les jardins du sérail. Agissez avec prudence, soyez à minuit près de la grotte des Sultanes, je vous y joindrai, et je promets de vous faire voir Zobéïde.

ALAHOR, *transporté de joie*.

Je la verrai, cette nuit ! cette nuit !... Homme généreux !

ALTAGIS.

On vient, dissimulez.

SCENE XVI.

(Des Gardes apportent une riche armure. Alahor en est revêtu. Des femmes lui ceignent une superbe épée, et lui attache un baudrier enrichi d'or et de pierreries ; on lui rend des honneurs militaires. Alahor sort au milieu des Gardes qui le conduisent en triomphe, au bruit d'une musique guerrière).

FIN DU SECOND ACTE.

ACTE TROISIÈME.

Le Théâtre représente les jardins du Sérail ; à la droite des Acteurs, une Grotte au-dessus de laquelle se lit en transparant : GROTTE DES SULTANES. *Des massifs de verdure sont à droite et à gauche.* (*Il fait nuit*).

SCENE PREMIÈRE.

(Plusieurs Eunuques armés font leur ronde de nuit. Marche).

SCENE II.
ALAHOR, *seul.*

(*Musique*) Oui, c'est ici le rendez-vous.... Grace au zèle d'Altagis, et par les soins de son ami fidèle.... J'ai traversé les jardins du Sérail sans effroi, sans alarmes, et avec cette douce émotion qui précède le suprême bonheur.... (*regardant dans la coulisse du fond*) J'apperçois le palais des femmes.... c'est donc là que Zohéïde respire... J'entends du bruit.... ce sont les pas d'un homme. Il s'arrête, il écoute.

SCENE III.
ALTAGIS, ALAHOR.
ALAHOR.

C'est toi, généreux Altagis !

ALTAGIS.

Frémissez, Seigneur, après m'être assuré qu'un profond silence régnoit dans le sérail, j'allois prévenir Zobéïde ; ma main, que la joie faisoit tréssaillir, déjà soulevoit la riche portière de drap d'or qui ferme l'entrée de son appartement, quand j'ai entrevu Moreddin à ses côtés.

ALAHOR.

Dieux ! tout mon sang se retire vers mon cœur.

ALTAGIS.

Le Sultan se sera levé dans le silence de la nuit, et seul, sans suite, il se sera rendu par une porte secrette auprès de Zobéïde.

ALAHOR.

Quel poison mortel tu répans dans mes veines !

ALTAGIS.

J'apperçois des flambeaux.... c'est le Sultan !

ALAHOR.

O mon ami ! ton zèle va te coûter la vie !

SCENE IV.

(Altagis le prend par le bras, ils se tiennent à l'écart. Le Sultan traverse le fond du Théâtre, précédé de deux Eunuques portant des flambeaux. Le Sultan paroît agité ; Altagis s'avance mystérieusement, le suit des yeux jusqu'au fond du Théâtre, et revient).

SCENE V.

ALTAGIS, *seul, avec transport.*

La source du bonheur des justes ne tarit jamais pour eux, vous l'éprouvez en ce moment, Seigneur ; j'ai suivi des yeux le Sultan, il reprend le chemin de son palais, et va sûrement se livrer au repos. (*Il court observer dans la coulisse du côté du palais des femmes, et revient sur la Scène*). Les Eunuques sont retirés, les surveillantes endormies ; je cours porter la joie dans le cœur de Zobéïde, et la préparer à la plus douce entrevue.

SCENE VI.
ALAHOR, seul.

(*Musique*) MOREDDIN! dans ce moment je suis au-dessus de toi.... tandis que rongé de chagrins, et souillé d'injustices, tu vas chercher un repos qui te fuit.... je vais goûter le plaisir le plus pur.... (*Il marche*) Zobéïde tarde bien à paroître.... la vie est courte.... ses plaisirs sont passagers....

SCENE VII.
ALAHOR, ZOBÉIDE, ALTAGIS.

(*Musique*). Zobéide se jette dans les bras d'Alahor. La surprise, la joie, l'amour, la crainte, se peignent dans leurs yeux.

ZOBÉÏDE.

Dieu de bonté! donne moi la force de supporter tout mon bonheur!

ALAHOR, *revenu de son ivresse, froidement.*

Votre bonheur!... Moreddin étoit auprès de vous.... Hélas! Zobéïde est-elle encore l'épouse d'Alahor?

ZOBÉÏDE.

Ton cœur oseroit-il soupçonner ma foi?

ALAHOR.

Que peut la faiblesse d'une femme, contre un amant qu'environnent la pompe et l'éclat du souverain pouvoir?

ZOBÉÏDE.

Une femme est bien forte, quand l'amour lui prête son assistance. Le généreux Altagis m'a aidé de ses conseils.

ALAHOR.

Que vous a-t-il conseillé?

ZOBÉÏDE.

De feindre, de paroître disposée à écouter l'amour du Sultan, pourvu qu'il me jurât, par Mahomet, de m'accorder une grâce.

ALAHOR.

Avez-vous obtenu de lui ce serment terrible ?

ZOBÉÏDE.

Oui.

ALAHOR.

A quel prix ?

ALTAGIS.

Hélas! Seigneur, en tombant dans le piége que nous lui avons tendu, Moreddin a su vous y entraîner avec lui.

ZOBÉÏDE, *vivement et avec effroi.*

Que dites-vous, Altagis ?

ALTAGIS.

Pour contenir les transports du Sultan, et en suspendre les effets, je vous ai conseillé d'exiger de lui, qu'il vous fît boire des eaux de la Fontaine d'oubli, avant que vous répondissiez à son ardeur; mais lorsqu'il a su la difficulté de s'en rendre maître, il a fait venir votre époux et en a tiré le serment de tenter lui-même cette conquête.

ZOBÉÏDE.

Dieux! qu'ai-je fait ?

ALTAGIS.

Ce que le ciel a ordonné, sans doute; Madame, voyez en toutes choses son immuable volonté.

ZOBÉÏDE.

O Alahor! les sables perfides vont ouvrir des abîmes sous tes pas; les mauvais Génies t'écraseront du haut de leurs rochers; j'en serai la cause, et le cruel Moreddin, délivré de toute crainte, et n'écoutant plus que son infâme passion....

ALAHOR, *tirant son épée avec fureur.*

Non, ce fer....

ALTAGIS.

Quel noir projet s'élève dans votre ame! où courez-vous, Seigneur ?

ALAHOR.

Percer le cœur du tyran.

ALTAGIS.

Je hais les injustices de Moreddin, j'abhorre ses

cruautés Tant qu'Alahor ne cherchera qu'à recouvrer le trésor de son cœur, qu'il espère tout de mon zèle à le servir, la justice m'en fait un devoir ; mais s'il ose tourner contre le Sultan son bras homicide, fidèle à mon maître, je défendrai sa vie aux dépens de la mienne, et mon corps lui servira de bouclier.

ALAHOR.

O Altagis ! pardonne à l'égarement de ma raison...... j'estime ta fidélité, j'honore tes sentimens. Oui, celui-là est bien coupable, qui, pour une injure particulière, trouble la paix de son pays.

ZOBÉÏDE, *indignée*.

Eh ! pourquoi Moreddin est-il revêtu de la puissance suprême, si ce n'est pour donner l'exemple des bonnes mœurs ? et quand il viole dans le plus saint des nœuds, les loix de la société, ces loix sacrées, établies pour le bonheur des humains, n'est-ce pas lui qui trouble la paix de son pays ?

ALTAGIS.

Époux infortunés ! j'espérois que cette entrevue auroit pour vous des douceurs, et vous l'empoisonnez ! Mais l'Orient déjà se colore des premiers feux du jour : n'attendez pas que le soleil, chassant les ténèbres, rende votre retraite impossible ; Alahor, éloignez-vous.

ALAHOR.

Nous séparer !

ALTAGIS.

La prudence.....

ALAHOR.

Eh ! que peut la prudence contre l'amour !

ALTAGIS.

Songez à remplir vos sermens, Madame, si Alahor vous est cher, cessez de le retenir.

ZOBÉÏDE, *le tenant embrassé*.

Non, rien ne m'arrachera le seul bien qui me reste. (*Ils se trouvent plus étroitement embrassés. On entend un bruit de trompettes dans la coulisse*).

ALTAGIS.

O ciel, ce son fatal m'annonce le retour du Sultan !

N'ai-je donc plus que la ressource de les livrer moi-même, et de risquer de les perdre pour nous sauver! (*Il sort*).

SCENE VIII.
ALAHOR, ZOBÉIDE.

ALAHOR, *se dégageant des bras de Zobéide, et revevenant à lui.*

Zobéide, qu'avons-nous fait? Le jour commence à paroître, Altagis est parti. Les transports immodérés de notre amour vont le livrer peut-être à la rage du Sultan.

ZOBÉIDE.

Tu déchires mon cœur.

ALAHOR.

Nous avons trahi les saints devoirs de la reconnoissance. (*On entend du bruit dans la coulisse*). Quel bruit se fait entendre!

ZOBÉIDE, *après avoir regardé.*

O ciel! ce sont les Gardes du sérail.

ALAHOR, *vivement.*

Chère Zobéide, rentrez dans le palais.

ZOBÉIDE.

Je ne le puis.

ALAHOR.

On va nous surprendre ensemble. Le Sultan lui-même.....

ZOBÉIDE.

Qu'il vienne! nous tromperons sa fureur, en cherchant une paix éternelle dans l'ombre du trépas.

ALAHOR.

La mort, sans doute, est préférable à notre séparation; mais notre premier devoir est de sauver Altagis.

ZOBÉIDE, *vivement.*

On ne sait rien encore de ta présence en ces lieux.

Cachons-nous parmi ces platanes, Altagis reviendra, et son zèle secourable nous tirera de cette affreuse situation. (*Ils entrent dans un massif de verdure*).

SCENE IX.

ALTAGIS, des EUNUQUES armés.

ALTAGIS, *sur le devant de la scène.*

Ils vont me croire un perfide; mais dans l'égarement de leur tendresse, ils ne m'ont laissé que ce moyen d'éviter la mort, et d'assurer leur salut.

SCENE X.

Les Précédens, LE SULTAN, GARDES.

LE SULTAN.

Où est-il le téméraire qui a osé violer cette enceinte sacrée.

ALTAGIS.

C'est ici, Seigneur, que j'ai surpris Zobéide dans les bras d'Alahor.

LE SULTAN.

Comment a-t-il pénétré dans ces lieux? Est-ce négligence, trahison? Gardes infidèles! je ferai de vous un exemple terrible! (*Parlant à Altagis*). Et toi que j'honorois de ma confiance, pendant qu'un profane violoit cet asyle, pendant qu'il le souilloit de sa présence, où étois-tu? Si Alahor m'échappe (*Tirant son cimeterre, et d'une voix foudroyante*). Et toi aussi, traître, tu périras!

SCENE XI.

Les Précédens, ALAHOR, ZOBÉIDE.

ALAHOR *s'élance du lieu où il s'est caché; Zobéide le suit.*

Sultan, n'accuse personne; seul, sans nul secours que mon courage, sans autre guide que mon amour, j'ai pénétré dans cette enceinte. Voici ta victime, frappe!

LE SULTAN.

(*A part*). Ma fureur est au comble; mais contraignons-nous, et prenons le ton de la modération. (*Haut, d'un ton modéré*). Alahor, les lois du sérail te sont connues : tu mérites la mort, pour avoir franchi cette enceinte; cependant le souvenir de tes services passés me parle en ta faveur. Je pardonne à ton audace, mais à une condition : j'aime Zobéïde, dégage-la de ses liens avec toi, aie le courage de la répudier, la loi t'y autorise. Fais ce sacrifice à ton maître, et non seulement il t'accorde la vie, mais il te fait sur le champ le second en puissance et en autorité, sur ses vastes États.

ALAHOR.

Si vos bontés sont à ce prix, Seigneur, je les rejette avec indignation.

LE SULTAN.

Qu'entends-je ?

ALAHOR.

Consentirai-je à déshonorer mon épouse, et à me dégrader moi-même par une déférence aussi vile que criminelle ? Non, la mort dût-elle s'offrir à moi sous les formes les plus hideuses, jamais, non Moreddin, jamais les nœuds qui m'unissent à Zobéïde ne seront brisés par la main de son époux !

LE SULTAN, *ne déguisant plus sa fureur.*

C'est assez..... que cet audacieux soit traîné dans la grotte, et qu'il y demeure, jusqu'à ce que j'aie déterminé le temps et le genre de son supplice.

ALAHOR.

Va, tyran, frappe-moi du glaive, ou apporte-moi toi-même le cordon fatal; la mort me sera douce, bien sûr à présent que Zobéïde me suivra dans la nuit du tombeau.

(*Zobéïde s'élance dans les bras d'Alahor. On les sépare. Alahor est conduit dans la grotte. Deux Gardes sont placés à l'entrée*).

LE SULTAN.

Esclaves, reconduisez cette femme dans les appartemens du sérail; ayez les yeux sur elle, et ne souffrez pas qu'elle attente à sa vie. (*On l'entraine*).

SCENE XII.
LE SULTAN, ALTAGIS.

LE SULTAN.

Quel est donc l'empire étrange que cette femme a pris sur l'esprit de son maître ? Sa beauté devenue plus touchante, par les pleurs qui brilloient dans ses yeux, m'a tellement ému, que ma fureur moins forte que mon amour, n'a pu me résoudre à frapper moi-même son audacieux époux. Cependant il faut qu'il périsse, mon repos l'exige. Va, qu'il soit sacrifié à mon amour.

ALTAGIS.

La volonté de Moreddin est la loi d'Altagis. (*Fausse sortie*). Je fais une réflexion, Seigneur, si la vie de Zobéïde est attachée à celle d'Alahor ?....

LE SULTAN.

Eh bien !

ALTAGIS.

S'il faut qu'il vive pour conserver les jours de cette ingrate ?...

LE SULTAN.

Quoi ! faudra-t-il révoquer l'arrêt de mort d'un rebelle ?

ALTAGIS.

Daignez-y songer, Seigneur !

LE SULTAN.

Je suis incertain, irrésolu. Altagis, aides-moi de tes conseils. Que penses-tu de mon incertitude ?

ALTAGIS.

Je crois que l'honneur et l'amour combattent dans votre cœur.

LE SULTAN.

L'honneur !

ALTAGIS.

Un serment inviolable vous défend de contraindre Zobéïde, avant de lui avoir procuré des eaux de la Fontaine d'oubli. Si le brave Alahor perd le jour, quel autre homme dans votre Empire, pourra triompher des obstacles de cette expédition ?

LE SULTAN.

LE SULTAN.

Tu as raison. Si ton maître fut assez imprudent pour s'enchaîner par un serment téméraire, il ne doit pas faire périr encore le guerrier, le seul qui puisse lui assurer la possession de Zobéïde. Cependant il me vient une pensée qui m'alarme. Si cet homme revient vainqueur et m'apporte, en effet, de ces eaux, j'en boirai, sans doute, puisqu'elles ont des vertus si admirables; mais n'est-il pas à craindre que ce breuvage n'arrache de mon cœur le vif sentiment que Zobéïde m'inspire ?

ALTAGIS.

Bannissez une telle appréhension, Seigneur. Ce breuvage qui a le don de rajeûnir, en vous redonnant toute l'ardeur du premier âge, vous rendra plus sensible aux attraits de la beauté. Zobéïde qui sera toujours en votre pouvoir, fera sur vous l'impression d'une beauté nouvelle; et elle est pourvue de trop d'appas, pour que jamais quelqu'autre puisse toucher votre cœur.

LE SULTAN.

Tu me tranquillises. Va, qu'Alahor soit libre, et qu'il parte à l'instant. Viens me trouver ensuite, et m'apprendre comment il aura reçu mes derniers ordres. (*Il sort*).

SCENE XIII.

ALTAGIS, GARDES.

(*Musique*). Altagis fait un signe. Les Gardes placés à l'entrée de la grotte, s'éloignent. Il entre dans la grotte, en fait sortir Alahor, lui ôte ses fers, et vient avec lui sur le devant de la scène.

SCENE XIV.

ALTAGIS, ALAHOR.

ALTAGIS.

Alahor, je vous apporte votre grâce.

ALAHOR, *indigné*.

Ma grâce !

C

ALTAGIS.

Le Sultan épargne vos jours que vous avez consacrés à son service par une promesse solemnelle, et qu'il faut remplir.

ALAHOR.

Traître! si c'est à ton maître que je dois la vie, il oblige un ingrat. Ma grâce! Moreddin peut-il méconnoître à ce point la malice de son cœur? Est-ce donc une grâce que de m'exposer à mille morts pour une? Va, fidèle Eunuque, va dire à ton maître, que je ne veux plus de la vie, à cette condition.

ALTAGIS.

Malheureux Alahor! n'êtes-vous pas lié par votre promesse? Si vous refusez d'accomplir son vœu, Moreddin ne se croira-t-il pas dégagé du serment qui reprime ses desirs, et qui le force, malgré lui, de respecter Zobéïde!

ALAHOR.

Je ne te comprends pas; il y a une apparence d'amitié dans tes discours, et c'est toi qui me livrois à la fureur du Sultan.

ALTAGIS.

Oui, pour vous conserver un ami. Vous ne m'écoutiez plus; je voyois la foudre sur nos têtes. J'ai couru moi-même avertir le Sultan, pour écarter de moi sa colère soupçonneuse, et bien sûr que son serment et le besoin de votre courage, l'empêcheroient de vous donner la mort. Seigneur, je vois avec peine que vous avez soupçonné ma foi.

(*Musique.*) (Une flèche de feu traverse rapidement le Théâtre, va frapper un feuillage placé d'un côté de la scène : le feuillage disparoit ; on voit le Génie Kaled porté sur un griffon, une riche écharpe lui tient lieu de baudrier).

ALTAGIS.

Quel prodige! (*ses regards et ceux d'Alahor qui peignent l'admiration, sont fixés sur le Génie*).

KALED.

Alahor, il faut partir; ton serment t'en fait une loi; c'est aussi l'ordre du Destin. Ton bonheur, celui de Zobéïde dépendent du succès de ton entreprise; mais que pourrois-tu sans un secours surnaturel? Par mes soins, tu vas te trouver à l'instant dans l'île où coule la Fontaine d'oubli. Si les monstres n'étonnent point ton courage, tu parviendras aux pieds d'une montagne, à côté de laquelle est un château-fort; c'est là que tu pourras découvrir l'objet de tes recherches. Je veillerai sur toi; mais songes que mon pouvoir est limité; tu vas courir des dangers auxquels je ne puis te soustraire; les mauvais Génies te tendront des pièges, harcèleront ton courage sous des formes différentes; mais de quelque péril que tu sois environné, quelque objet qui s'offre à tes regards, sur toutes choses, ne doute pas un seul instant de la foi de mes promesses, ni de la vertu de Zobéïde; cet instant te soumettroit à mes ennemis. (*lui montrant son écharpe*). Regardes: quiconque s'offrira devant toi avec cette écharpe t'annoncera par ce signe certain, qu'il vient t'exprimer mes volontés. Crois à ses discours et abandonnes-toi à ses conseils. Tu vois ce griffon, ne crains pas d'en approcher; il te transportera sur-le-champ dans l'île. Pars, retiens bien mes instructions: fermeté, confiance, persévérance, et tu recueilleras le fruit de tes nobles travaux. Toi, Altagis, tu t'es montré l'ami de la vertu, cette bonne action trouvera sa récompense.

(*Musique.*) (Alahor témoigne sa reconnoissance au Génie, se jette dans les bras d'Altagis, et va se placer sur le griffon. Altagis le regarde avec admiration! Alahor triomphant traverse rapidement les airs: Kaled et Altagis le suivent des yeux, et les lèvent vers le ciel en signe de joie et de reconnoissance).

FIN DU TROISIÈME ACTE.

ACTE QUATRIEME.

Le Théâtre représente dans le fond une montagne, à gauche, la façade d'un château-fort et gothique, surmonté d'un donjon; deux gros pilastres très-élevés sont à l'entrée du pont qui conduit à une porte garnie de herses et de gros barreaux de fer; sur les deux pilastres sont deux figures tenant des urnes renversées. Un gros rocher présentant une large surface, est à droite sur le devant de la Scene.

SCÈNE PREMIÈRE.
ALAHOR, *seul*.

Enfin je touche au terme de ma course; voici la montagne, voilà le château-fort. Depuis une heure que je marche dans cette île, que de combats il m'a fallu livrer! les volcans, la foudre, des monstres de toute espèce, tous ces terribles obstacles n'ont point abattu mon courage, et grâce au ciel, j'en ai triomphé. (*Il s'approche du château-fort, on en voit sortir un guerrier couvert d'écailles*).

SCENE II.

(*Musique.*) (Le Guerrier prend une attitude menaçante. Combat. Alahor, renverse son adversaire, qui s'échappe et s'enfuit dans le château-fort. Alahor le poursuit ; mais à peine est-il sur le pont, que la porte du château se ferme avec fracas. Pendant qu'il l'ébranle vainement d'un bras rigoureux, une grille de fer s'élève à l'entrée du pont. Alahor, qui se trouve enfermé sur le pont et qui cherche à sortir, monte sur la grille : à peine a-t-il mis le pied dans les barreaux, que les deux urnes placées sur les deux pilastres, vomissent sur lui deux ruisseaux de flammes. Alahor, sans en être ébranlé, continue de monter, et s'élance du haut de la grille sur le théâtre. Un Guerrier paroit sur le donjon du château et sonne du cor. Pendant qu'Alahor s'occupe à les regarder, plusieurs autres Guerriers s'élancent sur le théâtre. Il les combat d'abord ; mais forcé de céder au nombre, il est renversé sur la terre, et plusieurs épées menacent sa poitrine).

SCÈNE III.

Les Précédens, FATIME, une autre SUIVANTE d'Anaïs.
FATIME.

Que faites-vous, lâches guerriers? respectez la valeur, ou redoutez la vengeance d'Anaïs! (*Les guerriers prennent la fuite.*)

SCENE IV.

Les deux SUIVANTES d'Anaïs, ALAHOR:
FATIME.

Seigneur, nous sommes de la cour d'Anaïs, connue

sous le nom de la Fée secourable, et chérie dans toute la terre par sa bienfaisance et par sa beauté. C'est par son ordre que nous venons à votre secours. Elle s'avance vers ces lieux; vous pouvez lui marquer à elle-même votre reconnoissance.

SCENE V.

Une symphonie délicieuse se fait entendre. Des Danseurs entrent en exprimant et célébrant, dans leurs danses, les plaisirs de l'amour. Ils sont suivis de Nymphes ou Danseuses portant des corbeilles pleines de fleurs qu'elles sèment par-tout sur leur passage. Vient ensuite Anaïs dans le costume le plus voluptueux.

ANAÏS, ALAHOR.

ANAÏS.

BRAVE Alahor, instruite de votre nom et de votre arrivée dans cette île, il m'est doux d'avoir pu écarter de vous une mort certaine. J'ai à vous révéler des secrets importans; mais avant que je vous les fasse connoître, venez vous délasser de vos nobles travaux (*Sur un mouvement de la baguette d'or qu'elle tient à la main, on voit sortir de terre un siége magnifique. Elle l'invite à s'y asseoir. Ils s'y placent tous deux.*) Ballet.

ALAHOR.

Si je n'écoutois que la reconnoissance, Madame, je goûterois plus long-temps le bonheur d'être auprès de vous; mais je poursuis une entreprise difficile, nul danger n'a pu jusqu'ici ralentir ma course, et je ne puis la suspendre, que je n'aie trouvé la mort ou l'objet de mes recherches.

ANAÏS.

Illustre guerrier, je sais ce que vous cherchez; mais hélas! vous ignorez dans quels piéges on vous avoit conduit; vous ignorez ce que peut l'inconstance sur le cœur d'une femme. En demandant de l'eau de la Fontaine d'oubli, Zobéïde savoit que vous seul seriez capable de tenter cette conquête. Éblouie de l'amour du Sultan et de ses promesses magnifiques, elle a voulu mettre entre vous et sa personne, l'étendue des mers et ses abîmes profonds.

ALAHOR.

Qu'entens-je?

C 3

ANAÏS.

Le nœud qui vous lie, vous paroît le garant de la vertu si fragile d'une femme. Je veux déchirer le bandeau qui fascine vos yeux ; mon art me donne le pouvoir de vous offrir cette épouse, objet de votre idolâtrie : vous allez voir comment elle supporte votre absence.

(Anaïs donne un coup de baguette sur la toile du fond qui s'ouvre à l'instant, et laisse voir en optique le fond d'un riche appartement du sérail de Moreddin, bien éclairé. Zobéide, assise sur un sopha à côté du Sultan, répond amoureusement aux témoignages de sa tendresse, et paroît lui jurer de l'aimer toujours.)

ALAHOR *s'élance vers le tableau qui disparoît.*

Qu'ai-je vû ? Zobéide infidelle ! Zobéide parjure !

ANAÏS.

Oui, ce que vous venez de voir, est le tableau fidèle de ce qui se passe à cette heure dans le sérail de Moreddin.

ALAHOR.

O Kaled ! m'aurois-tu trompé ? Serois-tu le complice de mes ennemis ? Et ne m'as-tu conduit ici à travers tant de périls, que pour m'offrir cet affreux spectacle ?

ANAÏS.

Oubliez une ingrate. J'attendois un homme de votre valeur pour partager avec lui mon bonheur et ma puissance. Mon palais est situé au-delà de ces montagnes, dans une vallée où l'art et la Nature ont déployé toute leur magnificence. Venez, guerrier généreux, suivez-moi dans cet asyle de la félicité. Admiré d'une cour brillante et adoré d'une amante immortelle, vous verrez les heures et les jours s'écouler pour vous dans un long enchantement.

ALAHOR.

Je te reconnois à ce langage. Non, tu n'es pas la Fée secourable ! Génie malfaisant ! espérois-tu me séduire par l'appas d'une vie molle et sans honneur ? Va, l'air impur dont tu infestes ces lieux ne peut arriver jusqu'à mon cœur. Tout ce que tu viens d'offrir à mes yeux, n'est qu'un prestige, qu'une ombre vaine et trompeuse. Quelque esprit, comme toi, méchant et pervers, aura pris la forme et les traits de Zobéide.

MERVEILLEUSE. 39

ANAÏS.
Quoi ! ma bienveillance, ma tendresse....
ALAHOR.
Je les méprise.
ANAÏS.
Faible mortel ! tu outrages celle dont la voix renverse les montagnes et soulève l'Océan. Eh bien ! que la malédiction et la mort soient ton partage. Ministres de mes vengeances ! paroissez.

SCENE VI.

(*Deux troupes de mauvais Génies hideux et contrefaits s'élancent sur la scène : les uns tiennent et font sonner de grosses chaînes ; les autres sont armés de flèches et de poignards. Alahor tire son épée*).

ANAÏS, ALAHOR.

ANAÏS.
Que peut ton faible bras contre des êtres que mon pouvoir rend invulnérables ? Je sais que Kaled, dont le nom fait trembler notre race, est ton Génie tutélaire ; mais tu t'es méfié de la foi de ses promesses et de la vertu de Zobéïde. Ce doute te livre à ma vengeance. (*Elle donne un coup de baguette sur la terre. Une colonne de marbre blanc, à laquelle pendent des chaînes, et devant laquelle est une espèce de billot, sort de terre.*) Qu'on l'enchaîne à cette colonne !

(*Musique.*) (*On veut le saisir, il se jette sur la troupe infernale, qui se dissipe d'abord ; mais elle revient à la charge : et pendant qu'il se dispose à la combattre de nouveau, l'autre troupe le saisit par-derrière, le charge de fers, l'entraîne, le fait monter sur le billot, et le lie fortement à la colonne. Les mauvais Génies exécutent autour de la colonne un Ballet court, mais terrible et menaçant.*)

ANAÏS.
Tu le vois, Kaled lui-même ne peut te sauver. Mon pouvoir prévaut sur le sien. Cependant, tu es le maître encore de ta destinée. Je t'offre mes bienfaits ou ma colère, un bonheur immortel, ou la mort la plus affreuse, choisis.

ALAHOR, *avec force*.
La mort.

C 4

ANAÏS, *furieuse*.

Et bien, la mort. Et je veux repaître mes yeux du spectacle de ton supplice. (*Elle monte sur son siège; quelques-unes de ses femmes se groupent autour d'elle.*)

ANAÏS.

Que mille traits dirigés sur son cœur, me vengent de de son injure, et que ses restes sanglans, jetés dans les flots, aillent servir de pâture aux monstres marins !

(*Musique.*) Les mauvais Génies dirigent leurs traits sur le cœur d'Alahor. Tout-à-coup le tonnerre gronde : Anaïs, son siège et le groupe de femmes placé autour d'elle, s'abîment dans la terre qui vomit des flammes. Le reste de sa suite, et tous les Génies à ses ordres, disparoissent épouvantés. Les chaînes d'Alahor tombent avec fracas ; la colonne s'enfonce ; Alahor reste seul libre sur la scène. La toile du fond se lève, et laisse voir un tombeau de forme singulière, entouré de cyprès et de candélabres.

(*Alahor se jette à genoux et remercie le ciel de sa délivrance.*)

SCENE VII.

ALAHOR, un jeune DERVIS.

LE DERVIS.

REGARDE cette écharpe.

ALAHOR, *avec joie*.

Je la reconnois ; c'est Kaled qui vous envoie.

LE DERVIS.

Ton peu de confiance t'a conduit au bord de l'abîme. La malice des mauvais Génies alloit triompher ; mais tes remords ont désarmé le ciel. Il a manifesté sa volonté, et tout l'art des Esprits infernaux s'est évanoui comme un songe. Kaled, le protecteur des justes, a daigné me choisir pour venir t'annoncer que tes épreuves vont finir. Lève la pierre de ce tombeau, ouvrage d'un Génie bienfaisant ; c'est-là que tu apprendras ce qu'il te reste à faire pour conduire à fin ta pénible entreprise.

(*Alahor lui témoigne sa reconnoissance. Le Dervis s'éloigne.*)

SCENE VIII.

(Alahor lève avec son épée la lame ou la pierre qui forme le devant du tombeau. On apperçoit le corps d'un guerrier vêtu magnifiquement, et couché sur le côté. L'une de ses mains tient une riche épée nue, que l'on apperçoit. L'autre supporte des tablettes sur lesquelles sont tracés des caractères. Son visage, quoique bien conservé, annonce que depuis long-temps il goûte le repos de la mort. L'intérieur du tombeau est bien éclairé. Alahor s'arrête, à l'aspect de ce tableau, et le contemple avec émotion. Il apperçoit et prend les tablettes.)

ALAHOR seul.

« Je fus un héros sur la terre ; et tandis qu'on m'y
» plaçoit au rang des demi-dieux, je suis mort dans cette
» île où je péris, il y a cent ans, pour chercher la
» Fontaine d'oubli. Épris d'un fol amour pour l'artifi-
» cieuse Anaïs, je fus victime de sa perfidie, au moment
» où je venois de conquérir le glaive enchanté, sans
» lequel on ne peut trouver cette précieuse fontaine. O
» toi, dont le courage extraordinaire s'est ouvert jus-
» qu'ici une route inconnue, poursuis la glorieuse con-
» quête, prens le glaive qui étincelle dans ma main,
» frappes-en le rocher, à la gauche de mon tombeau
» que n'ont pu détruire les mauvais Génies, et tu arri-
» veras au comble de tes vœux ».

(*Musique.*) Alahor transporté de joie, prend l'épée dans la main du guerrier. Le tombeau se referme. Il frappe le rocher qui s'enfonce. On apperçoit une charmante Fontaine, ornée et sculptée, où se lit en transparent : LA FONTAINE D'OUBLI. Une jeune Nymphe est assise dans une attitude douce et aisée sur le bord de la Fontaine.)

SCENE IX.

LA NYMPHE, ALAHOR.

LA NYMPHE.

(*Elle se lève.*) GÉNÉREUX étranger ! Il y a cent ans que nul mortel n'a pénétré dans ces lieux terribles. Le Destin couronne vos nobles travaux. Goûtez des eaux de la Fontaine d'oubli, et jouissez de l'immortalité. (*Elle va prendre de l'eau qui lui est présentée par deux Nymphes placées près de la fontaine, et revient l'offrir au jeune guerrier.*)

ALAHOR.

Belle gardienne de cette source enchantée, ce n'est pas pour moi que je viens chercher de cette eau merveilleuse, c'est pour Moreddin, Sultan d'Akalzir, qu'un serment fatal m'a fait tenter cette pénible aventure.

LA NYMPHE.

Eh bien! buvez de ces eaux, et les cruautés de Moreddin, et les moindres traces d'une vie malheureuse, s'effaceront pour jamais de votre souvenir.

ALAHOR.

Je ne fus pas toujours infortuné. Le ciel versa sur moi des biens, dont la seule pensée est trop douce à mon cœur, pour que je veuille en perdre le souvenir. Pardonnez, ô Nymphe bienfaisante! Mais je ne puis accepter pour moi le don que vous m'offrez.

LA NYMPHE.

Vertueux Alahor, rassurez-vous. Cette épreuve est la la dernière que vous deviez subir. Vous seul entre les hommes méritiez de réussir dans une entreprise aussi difficile. Prenez ce flacon, et portez au Sultan les eaux qu'il contient. (*S'avançant au milieu de la scène.*) Esprits aëriens qui, dans ce moment, traversez les cieux portés sur des nuages, descendez à ma voix!

(*Un Génie assis sur un nuage descend et s'arrête au milieu des airs*).

LA NYMPHE, *d'une voix forte.*

Génie! dirige ta course vers Akalzir, et transporte sur le champ ce guerrier dans le palais de Moreddin.

(*Musique.*) (Alahor, après s'être incliné en signe de reconnoissance, va se placer à côté du Génie qui disparoît rapidement dans les airs. Les Nymphes, dans l'attitude de l'admiration, suivent des yeux le nuage). La toile tombe.

FIN DU QUATRIÈME ACTE.

ACTE CINQUIÈME.

Le Théâtre représente un lieu délicieux des jardins du Sérail. A droite un trône, à gauche un kiosque ou un pavillon. Zobéide est endormie sur un lit de gazon entouré d'arbustes et de rosiers fleuris, qui forment une espèce de berceau sur sa tête. Une petite pièce d'eau ou un bassin de marbre blanc est au milieu ou à un des cotés de la scène. Le sommeil de Zobéide paroit agité.

SCÈNE PREMIÈRE.

(*Des sons mélodieux se font entendre. Une Naïa le sort du bassin et s'arrête à la surface des eaux. Une couronne de roseaux orne sa chevelure argentée, qui flotte sur ses épaules nues.*

LA NAÏADE. *Elle chante les paroles suivantes :*

Calme tes sens, aimable Zobéide ;
Du doux sommeil goûte enfin les pavots :
Redoute peu les destins d'un perfide,
Et son pouvoir et sa flamme homicide ;
Un Dieu puissant protège ton repos.

Zéphirs, cessez d'agiter le feuillage ;
Faites silence autour de ces berceaux :
A la vertu, Nature, rens hommage ;
Que tout, ici, respecte son repos.

(*La Nymphe s'enfonce dans le bassin. Le sommeil de Zobéide devient paisible, et des songes rians paroissent lui sourire*).

SCENE II.

LE SULTAN, ALTAGIS, ZOBÉIDE *endormie.*

LE SULTAN.

Oui, c'est ici que je veux décerner publiquement à Zobéide le titre de Sultane. Vas lui dire que son maître l'attend en ce lieu. Rassembles tout le sérail, et aies soin de faire donner à cette fête tout l'éclat dont je prétends qu'elle soit embellie. (*Altagis s'incline et sort.*)

SCENE III.

LE SULTAN, ZOBÉIDE *endormie.*

LE SULTAN.

CETTE faveur éminente, en la forçant au sentiment de la reconnoissance, la conduira, je l'espère, à des sentimens plus doux. (*Appercevant l'épouse d'Alahor.*) Que vois-je? Zobéide seule!... elle dort... Que ces traits si touchans dans leur langueur, seroient plus touchans encore, s'ils daignoient sourire à mon amour! Mon amour! tout l'irrite et l'enflamme. Suivrai-je la loi que je me suis imposée! un vain serment est-il fait pour me retenir? Honneur, vertu, qu'êtes-vous pour dompter mes passions? A quoi me sert ma puissance, si ce n'est pour agir sans obstacles? La volonté de Moreddin n'est-elle pas la loi suprême? Je rougis de ma foiblesse. Non, Beauté rebelle, je n'aurai pas en vain distingué tes charmes. Que me font tes pleurs et ta résistance? ton maître veut, il commande. Son bonheur ne sera plus différé... ce pavillon....

(*Musique.*) (Il court en ouvrir la porte, dans le dessein d'y conduire sa victime. Il regarde dans le fond du théâtre, et revient avec transport vers Zobéide qui a disparu avec le lit de gazon et les arbustes dont il est entouré. Ces objets sont remplacés soudain par un Vieillard représentant le Destin; il tient dans ses mains un gros livre ouvert, où se lit en gros caractères : MALHEUR AU PARJURE! Le Vieillard disparoît. Le Sultan recule épouvanté; on entend des cris de joie dans le lointain).

SCENE IV.

ALTAGIS, LE SULTAN.

ALTAGIS, *avec l'empressement d'un homme qui vient annoncer une grande nouvelle.*

SEIGNEUR!... mais que vois-je? quelle pâleur répandue sur ses traits! Qu'avez-vous, Seigneur?

LE SULTAN *égaré.*

Laissez-moi reprendre mes sens.

MERVEILLEUSE.

ALTAGIS.

Quel trouble, quel saisissement extraordinaire !...

LE SULTAN.

Zobéïde étoit là... un spectre prenant tout-à-coup sa place....

ALTAGIS.

Un vain prestige aura fasciné vos yeux, Seigneur.

LE SULTAN.

Quoi ! tu penses....

ALTAGIS.

Que toutes choses sont ici dans leur état naturel, et que mon maître n'a pas eu sujet de s'effrayer.

LE SULTAN, *regardant autour de lui et se frottant les yeux.*

En effet, je commence à croire que ce que j'ai vu n'est qu'une image fantastique. Cependant Zobéïde étoit là, plongée dans le sommeil.

ALTAGIS.

Elle se sera dérobée subitement à vos regards.

LE SULTAN.

Je ris de ma frayeur..., comme les sens sont abusés quelquefois! (*Des clameurs plus rapprochées se font entendre*). Quel bruit frappe mon oreille ?

ALTAGIS.

Je venois vous en instruire, Seigneur. C'est le sérail en tumulte qui annonce le retour d'Alahor.

LE SULTAN.

Altagis, n'est-ce point aussi une vision qui sera venue surprendre et tromper tes sens ?

ALTAGIS,

Ce n'est point une vision, Seigneur. Alahor est revenu, il a rempli sa mission. Les Eunuques le conduisent en triomphe, et n'attendent que les ordres de mon maître pour l'introduire en sa présence.

LE SULTAN.

Que tout le sérail se rende en ce lieu.

ALTAGIS.

Je lui ai transmis vos ordres, Seigneur, il est tout prêt pour la cérémonie.

LE SULTAN.

Qu'Alahor vienne à l'instant même. Je veux l'interroger devant toute ma cour. (*Altagis sort*).

SCENE V.

LE SULTAN, seul.

O rival que j'abhorre! ta présence, ta gloire, ton triomphe même, quoique favorable à mon amour, tout en toi m'irrite, m'importune, et je ne veux plus prendre à ton égard d'autres conseils que ceux que me suggèreront ma jalousie et ma fureur. (*Il monte sur son trône*).

SCENE VI.

LE SULTAN, ALTAGIS, Esclaves du sérail, des deux sexes, *parés magnifiquement*; ALAHOR, *conduit en triomphe au milieu des Eunuques armés.*

LE SULTAN.

(*Musique éclatante*). Je n'apperçois point Zobéide.

ALTAGIS.

J'ai chargé deux Esclaves du sérail, de lui transmettre votre volonté, Seigneur. Elle ne tardera sûrement point à paroître.

LE SULTAN, *se tournant vers l'époux de Zobéide.*

Est-il vrai qu'Alahor se flatte d'avoir, dans le court espace de quelques heures, découvert et conquis la Fontaine d'oubli ?

ALAHOR, *avec candeur.*

Un Génie bienfaisant m'a prêté son assistance, et m'a transporté sur-le-champ dans l'île où se trouve, en effet, cette source merveilleuse. Tous les périls se sont évanouis devant la puissance invisible qui a daigné soutenir mon courage; c'est elle qui me ramène devant vous, Seigneur, et je viens vous offrir ma conquête. (*Il montre le flacon*).

LE SULTAN.

Ces eaux sont destinées pour moi et pour Zobéide.

Lorsqu'elle en aura bu, elle oubliera que sa beauté qui a su captiver le cœur de son maître, fut souillée par tes caresses, et elle n'aura plus de passion que celle de combler tous mes vœux.

ALAHOR, *avec force.*

Ainsi donc c'est pour moi que j'ai apporté ce breuvage enchanté : Il m'est nécessaire... (*Il veut le porter à sa bouche, après avoir enlevé le bouchon d'or qui ferme le flacon*).

LE SULTAN, *d'une voix terrible.*

Esclaves, arrachez ce vase des mains de cet audacieux ! (*On l'arrache des mains d'Alahor*). Si tu m'as trompé, tu périras ; si l'effet de ces eaux est tel qu'on me l'annonce, tu périras encore pour expier tes outrages.

ALAHOR.

Tyran ! tu te joues de la vie des hommes ; mais la mesure est comblée. Tremble ! je vois s'avancer le moment de l'éternelle justice. Encore quelques jours, et tu seras l'égal de la poussière.

LE SULTAN.

A l'excès de ton audace, je juge de ton mépris pour la vie. Tu desires la mort, eh bien ! ton trépas sera différé.

(*Musique*). Alahor ne pouvant plus contenir l'indignation et la fureur qui le transportent, tire son épée et s'élance jusques sur les degrés du trône, pour percer le cœur du tyran. Les Eunuques se jettent sur Alahor, l'entraînent, et vingt cimeterres se tournent contre son cœur.

LE SULTAN.

Esclaves ! enchaînez ce furieux ; mais gardez-vous de lui donner la mort. Il n'est qu'un supplice lent et terrible qui puisse assouvir ma vengeance. (*On met des chaines à Alahor*. Qu'on me donne ce breuvage, je vais éprouver sa vertu.

(*Musique*). On lui passe le flacon, et on lui présente une coupe d'or. Il y verse la moitié de l'eau contenue dans le flacon, et vide la coupe tout entière. A peine a-t-il bu, que l'effet du breuvage se fait sentir. Il porte à son front une de ses mains qui retombe tout à coup ; on laisse voir sur son visage la pâleur et autres signes, avant-coureurs du plus affreux trépas. Il s'élance de son trône, vient au milieu de la scène, les cheveux hérissés, saisi d'effroi. Trois Génies effroyables, soumis au pouvoir d'Arimane, sortent de terre. Ils sont coiffés de serpens et armés de torches ardentes qu'ils agitent avec fureur autour de Moreddin. Un bruit terrible se fait entendre. La terre s'ébranle. Le Sultan frémit. Le Génie Kaled descend dans un char resplendissant de lumière. Zobéïde est assise à ses côtés.

KALED, *d'une voix forte.*

Sultan tu voulois fonder ton bonheur sur l'opprobre de deux époux et sur le sang de l'homme de bien : le ciel enfin confond tes desseins pervers. Sa justice, dont les voies sont également extraordinaires et impénétrables, a voulu que cette eau que tu viens de boire, se changeât pour toi en un breuvage mortel. Le trépas circule dans tes veines, et tu vas échanger ton palais contre un tombeau.

(*Musique*). Les trois Génies se précipitent sur Moreddin, le tourmentent, l'entraînent, le renversent sur son trône. Ils s'ygroupent avec lui, et s'abiment tous, ainsi que le trône, au milieu des flammes. Toute la cour du Sultan est frappée d'épouvante.

KALED.

Vertueux époux! les traits du sort sont épuisés sur vous. Alahor, et vous Altagis, venez vous placer à côté de Zobéïde, je vais vous transporter dans une terre heureuse, qui n'est habitée que par des hommes justes, et où le bonheur pur de l'âge d'or sera la récompense de vos vertus.

(Altagis et Alahor vont s'asseoir à côté du Génie qui remonte vers les cieux. La Gloire s'arrête au milieu des airs. *Ballet très-court*).

FIN.

www.ingramcontent.com/pod-product-compliance
Lightning Source LLC
Chambersburg PA
CBHW070702050426
42451CB00008B/460